Inhalt

Grüne industrielle Revolution - Unternehmen schreiten voran, Politik bremst

Kernthesen

Beitrag

Fallbeispiele

Weiterführende Literatur

Impressum

//GENIOS WirtschaftsWissen Nr. 09/2010 vom 07.09.2010//

Grüne industrielle Revolution - Unternehmen schreiten voran, Politik bremst

I.Zeilhofer-Ficker

Kernthesen

- Der fortschreitende Klimawandel kann nur durch ein radikales Umbauen unserer Wirtschaftsprozesse aufgehalten werden.
- Da nachhaltig wirtschaftende Unternehmen nicht nur bessere Ergebnisse aufweisen, sondern auch weniger anfällig auf die Wirtschaftskrise reagieren, erzielen sie Vorteile auf den Kapitalmärkten und Börsen.
- In Deutschland warten viele Branchen

darauf, dass die Politik endlich die Rahmenbedingungen setzt, durch die grüne Technologien voran getrieben werden.
- Immer mehr Unternehmen initiieren aber auch selbst nachhaltige Projekte, die Wettbewerbsvorteile auf dem Weltmarkt sichern sollen.

Beitrag

Nachhaltiges Wirtschaften - Gebot unserer Zeit

Die Schlagzeilen im Sommerloch könnten kaum schlimmer sein - Tausende von Toten durch Flutkatastrophen in Pakistan und China. Zudem Millionen obdachlos, hungernd und von Krankheiten bedroht. Dazu das Bohrleck der Deepwater Horizon im Golf von Mexiko, das zwar notdürftig geflickt ist, aber monatelang mit Millionen von Litern Erdöl das Ökosystem des gesamten Golfs auf Jahre hinaus verseucht hat. Und auch die kürzliche Finanz- und Wirtschaftskrise hat vielen gezeigt, dass das kurzfristige Profitstreben langfristig den Ruin bedeuten kann. Zudem gehen unsere fossilen Energievorkommen und die Rohstoff-Lagerstätten zur

Neige.

Ein Umdenken ist also dringend erforderlich. Das Prinzip der Nachhaltigkeit - vom deutschen Hans Carl von Carlowitz schon im 18. Jahrhundert für die Forstwirtschaft beschrieben - hält Einzug in immer mehr Unternehmen und Bereiche des öffentlichen Lebens. Schon 83 der 100 größten Wirtschaftsunternehmen in Deutschland veröffentlichen Nachhaltigkeitsberichte, 58 Prozent aller Unternehmen weltweit betreiben Umwelt-Management. Der Grund für dieses Einsehen ist simpel - Geld. Denn wie die diversen Aktien-Indizes beweisen, erzielen nachhaltig wirtschaftende Unternehmen ein finanziell besseres Ergebnis als andere Konzerne. Ihre Kapitalkosten sind niedriger und auch die Wirtschaftskrise konnte ihnen wesentlich weniger anhaben. (1), (2)

Ein Grund dafür liegt sicher auch darin, dass nachhaltiges Wirtschaften Kosten spart. Verbraucht man weniger Strom, Wasser oder Rohstoffe, so kostet das auch weniger Geld. Der zweite, vielleicht noch wichtigere Grund sind die Kunden. Die Zahl der Endverbraucher, die bewusst einkaufen, steigt von Jahr zu Jahr. In Deutschland sollen schon ein Viertel der Bevölkerung Nachhaltigkeitskriterien in Betracht ziehen, bevor sie im Regal zugreifen. (1), (2), (3)

Die Politik ist gefragt

Leider ist das Umdenken noch nicht in allen Vorstandsetagen angekommen. Die weltweit 3 000 größten Unternehmen verursachen jedes Jahr Umweltschäden in Höhe von 1,7 Billionen Euro. Doch die verursachenden Firmen zahlen für diese Schäden meist nicht - der Steuerzahler oder Versicherungen tragen das Meiste davon. Dabei läge es an der Politik, hier die Unternehmen stärker in die Pflicht zu nehmen. (4), (5)

In Deutschland allerdings hat man zurzeit eher den Eindruck, dass nach den großen Lippenbekenntnissen von Frau Merkel nun das große Zurückrudern eingesetzt hat. Eigentlich hat sich die Bundesregierung das Ziel auf die Fahnen geschrieben, dass bis 2020 30 Prozent der Stromproduktion durch regenerative Quellen erfolgen soll. Erfreut haben die Politiker auch festgestellt, dass sich die in Deutschland entwickelten Umwelttechnologien wie Windräder und Photovoltaikanlagen zum Exportschlager und damit zur Jobmaschine entwickelt haben. Denn immerhin beträgt der deutsche Anteil an grüner Technologie auf dem Weltmarkt 15 Prozent - im Vergleich: insgesamt halten deutsche Produkte nur acht Prozent Weltmarktanteil. (4), (7)

Anstatt diese Vorteile aber nun weiter zu fördern, lässt man die Diskussion über Laufzeiten von Atomreaktoren wieder aufflackern. Ein Sieg der Lobbyarbeit über die Vernunft - alle Experten sind sich einig, dass sich Atomstrom mit den Erneuerbaren nicht verträgt. Trotzdem wollen die Regierungsparteien eine Verlängerung der Reaktorlaufzeiten, manche sogar unbegrenzt. Die Förderquoten für Photovoltaikanlagen hat man dagegen erst kürzlich verringert und auch für eine wirksame Förderung der energetischen Gebäudesanierung fehlt jegliches Konzept. In Sachen Mobilität setzt man einzig auf der Regierung liebstes Kind, die Automobilindustrie, die an der Entwicklung von Elektroautos arbeitet. Setzen sich die Regierungsparteien durch, so werden diese E-Mobile wohl künftig mit Atomstrom betrieben statt mit umweltfreundlicher Wind- oder Sonnenenergie. Von einer Förderung der öffentlichen Verkehrsmittel als Alternative hört man ja schon lange nichts mehr. Und auch die Diskussion über eine mögliche Flugverkehrsabgabe ähnelt dem Tanz um die heilige Kuh. Über eine Kerosinbesteuerung oder die Mehrwertsteuer auf Flugpreise traut man sich nicht einmal zu flüstern. (4), (6), (8)

Es tröstet nicht, dass die Situation auch in anderen Ländern ähnlich ist. In USA hängt das ambitionierte Klimaschutzgesetz von Barack Obama im Senat fest und Frankreich hat kürzlich die geplante Klimasteuer zurückgezogen. (9)

doch die Unternehmen handeln

Viele Unternehmen haben eingesehen, dass sie nicht auf die Entscheidungen aus der Politik warten können. Das laufende Jahrhundert kann und muss den grundlegenden Umbau der Wirtschaft bringen, soll die Welt nicht in einer riesigen Katastrophe enden. Es wird investiert und aufgebaut, in Deutschland, aber auch in den USA, China und anderen Gebieten der Erde. Schon jetzt existieren die Technologien, mit denen der Energieverbrauch weltweit um 80 Prozent gesenkt werden könnte. Die Windenergie in Deutschland produziert bereits genügend Strom, um sieben Prozent des Bedarfs abzudecken. Und in diesem Jahr kommen die ersten Offshore-Windparks hinzu, die den Anteil weiter steigern werden. Bis zum Jahr 2020 sollen 7 000 bis 10 000 Megawatt an Windstrom erzeugt werden. Schon in zwei bis drei Jahren will man soweit sein, dass die Windenergie ohne Subventionen wettbewerbsfähig sein wird. (10), (11)

Mit dem Projekt Desertec hat ein Konsortium von großteils deutschen Unternehmen die künftige Stromversorgung Europas im großen Stil im Auge. 400 Milliarden Euro an Investitionen sind geplant, um in der Wüste Nordafrikas riesige Sonnenkraftwerke zu errichten. Bis 2050 will man soweit sein, dass 15 Prozent des europäischen Bedarfs damit abgedeckt werden können. Wissenschaftler gehen davon aus, dass bis zum Jahr 2050 der Sonnenstrom die wichtigste Energiequelle weltweit sein wird. Die Photovoltaik produziert heute zwar erst zwei Prozent unseres Strombedarfs, die Lernkurve der Technologie ist aber extrem steil und man erwartet, dass der Sonnenstrom bald billiger und damit konkurrenzfähiger werden wird. (12), (13)

Doch nicht nur Energie ist ein Thema. Das Ziel heißt null Emissionen. Es gibt bereits Unternehmen und Gemeinden, die auf dieses Ziel hinarbeiten. Durch Energieeinsparung, Abfallvermeidung, Nutzung von regenerativen Rohstoffen will man das Ziel erreichen. Der effiziente Umgang mit den Ressourcen, vor allem auch das Werkstoffrecycling, birgt hohe Einsparungspotenziale sowohl finanziell als auch physikalisch. Materialeffizientes Wirtschaften ist hier zum Prinzip geworden. (14)

Trends

Ein Paradigmenwechsel ist notwendig, sollen künftige Generationen weiterhin in Wohlstand auf unserem Planeten leben können. Die grüne industrielle Revolution hat bereits begonnen, auch wenn viele

Politiker sich noch schwer tun, von den alteingesessenen Prinzipien abzuweichen. In den USA hat bereits eine ganze Reihe von Bundesstaaten beschlossen, die Schlafmützigkeit der Bundesregierung durch eigene Landesgesetze zu umgehen. Und auch immer mehr Unternehmen in verschiedenster Ländern kommen zu dem Schluss, dass nur nachhaltiges Wirtschaften langfristig zum Erfolg führen wird. (9)

Schwieriger wird es sein, den verwöhnten Konsumenten der westlichen Welt davon zu überzeugen, dass stetiges Wachstum nicht gleichzeitig zu mehr Wohlstand führt. Denn eines haben die vergangenen Jahrzehnte erwiesen: durch grenzenlosen Konsum werden wir nicht glücklicher. Eher das Gegenteil ist der Fall - psychische Probleme durch Stress und Burnout nehmen vor allem in der industrialisierten Welt in erschreckendem Tempo zu. Vielleicht setzt sich ja bald die Erkenntnis durch, dass die Möglichkeit zum Spaziergang im naturbelassenen Wald wertvoller ist als noch mehr Geld in irgendwelchen Aktienfonds. (15)

Fallbeispiele

Seit März 2010 gibt es ein eigenes Magazin, das sich der ökologisch nachhaltigen Ökonomie widmet. Enorm zeigt auf 130 Seiten viele Beispiele von

Projekten, Personen und Unternehmen, die sich dem ökologischen und nachhaltigen Wirtschaften verschrieben haben. (16)

Obwohl im April das erste Offshore-Windkraftwerk der großen deutschen Stromversorger in Betrieb gegangen ist, ist ein kleines Unternehmen aus Emden der aktivste Offshore-Windstrom-Akteur. Die Firma Bard baut bis zum Ende 2010 30 Windmühlen in die Nordsee, bis 2011 sollen es schon 80 sein. Jedes Windrad hat eine Leistung von fünf Megawatt. (10)

Das börsennotierte Unternehmen Interface hat sich zum Ziel gesetzt, im Jahr 2020 keine Umweltbelastungen mehr zu verursachen. Mission Zero nannte man das Projekt, mit dem bis heute bereits 433 Millionen Dollar durch weniger Verbrauch von Energie und Ressourcen sowie Abfallvermeidung eingespart werden konnten. (14)

Die Kleinstadt Totnes in Großbritannien hat ein ähnliches Ziel. Bis zum Jahr 2030 will man es schaffen, dass man keine fossilen Energieträger (Öl, Gas, Kohle usw.) mehr braucht. Erneuerbare Energien sollen Öl und Co. ersetzen. Zudem will man die Stadt hauptsächlich durch regionale Produkte versorgen, sodass auf lange Transportwege verzichtet wird. Rund 280 ähnliche Initiativen in 13 Ländern haben sich Totnes zum Vorbild genommen und planen ähnliches. (17)

Weiterführende Literatur

(1) Werttreiber Nachhaltigkeit
aus Absatzwirtschaft Ausgabe Marken vom 10.03.2010 Seite 034

(2) Nachhaltigkeit zahlt sich aus
aus CHEManager 9/2010

(3) Die neue Balance
aus DVZ, Nr. BVWI vom 20.04.2010

(4) Die Macht des Wandels
aus Süddeutsche Zeitung, 20.07.2010, Ausgabe München, Bayern, Deutschland, S. 26

(5) Umweltschäden werden Wirtschaftsfaktor
aus "Der Standard" vom 14.07.2010 Seite: 2

(6) Schwarzes Loch«
aus WirtschaftsWoche NR. 028 VOM 12.07.2010 SEITE 026

(7) "Alle Abfälle zu Rohstoffen machen" // Alba-Chef Eric Schweitzer über Nachhaltigkeit, die Aufgabe der Politik und das Wegschmeißen
aus Der Tagesspiegel Nr. 20635 VOM 03.06.2010 SEITE 018

(8) Erneuerbare Energien Energiemix mit Zukunft
aus LaborPraxis Nr. 006 vom 18.06.2010 Seite 016

(9) Amerika will grün werden

aus Handelsblatt Nr. 073 vom 16.04.2010 Seite 32

(10) Meer Strom
aus Süddeutsche Zeitung, 03.08.2010, Ausgabe München, Bayern, Deutschland, S. 26

(11) "Ein Plan wie der erste Flug zum Mond"
aus Süddeutsche Zeitung, 03.08.2010, Ausgabe Deutschland, S. 26

(12) "Sonnenstrom wird billiger als Atomkraft"
aus Süddeutsche Zeitung, 10.08.2010, Ausgabe München, Bayern, Deutschland, S. 26

(13) Aufbruch in der Sahara
aus Süddeutsche Zeitung, 10.08.2010, Ausgabe München, Bayern, Deutschland, S. 26

(14) Grüner Kurs füllt die Kasse
aus Handelsblatt Nr. 101 vom 28.05.2010 Seite b010

(15) Am Ende der Ausbeutung
aus Süddeutsche Zeitung, 27.07.2010, Ausgabe München, Bayern, Deutschland, S. 24

(16) Enorm korrekt
aus "Der Wirtschaftsjournalist" Nr. Umweltjournalist 01/10 vom 25.06.2010Seite: 19

(17) Entzug hinter dicken Mauern
aus Süddeutsche Zeitung, 27.07.2010, Ausgabe München, Bayern, Deutschland, S. 24

Impressum

Grüne industrielle Revolution - Unternehmen schreiten voran, Politik bremst

Bibliografische Information der deutschen Nationalbibliothek

Die Deutsche Nationalbibliothek verzeichnet diese Publikation in der deutschen Nationalbibliografie; detaillierte bibliografische Daten sind im Internet über http://dnb.d-nb.de abrufbar.

ISBN: 978-3-7379-1514-4

© 2015 GBI-Genios Deutsche Wirtschaftsdatenbank GmbH, Freischützstraße 96, 81927 München, www.genios.de

Alle Rechte vorbehalten. Dieses Werk ist einschließlich aller seiner Teile – z.B. Texte, Tabellen und Grafiken - urheberrechtlich geschützt. Jede Verwertung außerhalb der Grenzen des Urheberrechtsgesetzes bedarf der vorherigen Zustimmung des Verlags. Dies gilt insbesondere auch für auszugsweise Nachdrucke, fotomechanische

Vervielfältigungen (Fotokopie/Mikroskopie), Übersetzungen, Auswertungen durch Datenbanken oder ähnliche Einrichtungen und die Einspeicherung und Verarbeitung in elektronischen Systemen.